Planung einer diagnostischen Untersuchung für ein Gutachten zur Arbeitsfähigkeit nach einem Schädel-Hirn-Trauma

Bibliografische Information der Deutschen Nationalbibliothek:

Die Deutsche Nationalbibliothek verzeichnet diese Publikation in der Deutschen Nationalbibliografie; detaillierte bibliografische Daten sind im Internet über http://dnb.d-nb.de abrufbar.

ISBN: 9783346525178
Dieses Buch ist auch als E-Book erhältlich.

Druck und Bindung: Books on Demand GmbH, Norderstedt Germany
Gedruckt auf säurefreiem Papier aus verantwortungsvollen Quellen

Das vorliegende Werk wurde sorgfältig erarbeitet. Dennoch übernehmen Autoren und Verlag für die Richtigkeit von Angaben, Hinweisen, Links und Ratschlägen sowie eventuelle Druckfehler keine Haftung.

Das Buch bei GRIN: https://www.grin.com/document/1144038

Hausarbeit

Alternative A

Eingesandt: 08.10.2021

Modul: Psychologische Diagnostik und Begutachtung (BPDBEG)

Inhaltsverzeichnis

Abkürzungsverzeichnis

BMI	Bundesministerium des Inneren, für Bau und Heimat
BRD	Bundesrepublik Deutschland
CT	Computertomographie
GCS	Glasgow Coma Scale
ICD-10	International Statistical Classification of Diseases and Related Health Problems (Ergänzung zur Internationalen Klassifikation von Erkrankungen)
ICF	International Classification of Functioning, Disability and Health
LZG	Langzeitgedächtnis
MRT	Magnetresonanztomographie
SHT	Schädel-Hirn-Trauma
TP	Testperson
WHO	World Health Organization (Weltgesundheitsorganisation)

Abbildungsverzeichnis

Tabellenverzeichnis

1 Einleitung

1.1 Relevanz

In der Resolution der Generalversammlung der Vereinten Nation für die Allgemeine Erklärung der Menschenrechte, welche 1948 verkündet wurde, steht unter Artikel 22, dass jedes Mitglied der Gesellschaft, das Recht auf soziale Sicherheit hat.[1] In diesem Zusammenhang meint soziale Sicherheit den Schutz von Individuen vor wirtschaftlichen bzw. sozialem Statusverlust. Das Sozialversicherungsrecht enthält dabei die vom Gesetz vorgeschriebenen Kranken-, Pflege-, Renten-, Arbeitslosen- und Unfallversicherung.[2] Den Schutz vor wirtschaftlichem bzw. sozialem Statusverlust gewährleistet die BRD ihren Bürgern durch ein soziales Sicherungssystem, welches auf drei Säulen aufgebaut ist.[3] Die aktuelle Gliederung der drei Säulen umfasst die Begriffe Vorsorge, Entschädigung und soziale Hilfe und Förderung.[4] Vorsorge steht dabei im Wesentlichen für die Sozialversicherungen. Die soziale Entschädigung beteiligt sich z.B. beim Impfschadensrecht oder das Bundesversorgungsgesetz.[5] Bei der sozialen Hilfe und Förderung sollen Leistungsschwächen und Belastungen des Individuums ausgeglichen werden, z.B. durch BAföG oder SGB II und III.[6] Wenn eine Person die Inanspruchnahme einer Leistung aus diesem Sicherungssystem beantragt, z.B. Pension oder Entschädigung, so müssen die Entscheidungsträger der entsprechenden Einrichtungen darüber entscheiden, ob ihr diese zustehen oder nicht.[7]

Aktuell hat ein Arbeitnehmer einen Antrag auf Überprüfung der Dienstfähigkeit gestellt, um von einer vorzeitigen Pensionierung Gebrauch zu machen. Der Fall wird nun vor dem Arbeits- und Sozialgericht verhandelt, daraus schließt sich, dass der Antrag selbst abgelehnt wurde. Als Grund für die Pensionierung aufgrund von Dienstunfähigkeit gibt der Arbeitnehmer kognitive Beeinträchtigungen nach einem Unfall mit Kopfverletzung an. Eine vorzeitige Pensionierung aufgrund von Dienstunfähigkeit ist laut BMI möglich, wenn eine physische oder psychische Erkrankung vorliegt, die sich die Beamtin oder der Beamte während der Ausübung des Dienstes ohne grobes Verschulden zugezogen hat.[8]

Damit das Gericht die Dienstunfähigkeit des Beamten überprüfen kann, wurde eine Gutachterin bestellt. Diese soll die kognitive Leistungsfähigkeit des Arbeitnehmers mittels geeigneter

---

1 *Vgl.* Auswärtiges Amt (1948)
2 *Vgl.* Papmehl & Teichmanis (2019) S.309
3 *Vgl.* Wilhelm & Roschmann (2007) S. 19
4 *Vgl.* Uni Würzburg (o.J.)
5 *Vgl.* Knoppenfels-Spies (2018) S.12
6 *Vgl.* Uni Würzburg (o.J.) & *Vgl.* Wassmann (2019) S.19
7 *Vgl.* Wilhelm & Roschmann (2007) S. 19
8 *Vgl.* BMI (2020) S.28

Untersuchungsverfahren beurteilen. Welche diagnostischen Verfahren dabei konkret in Frage kommen und wie diese sinnvoll eingesetzt werden können, wird in vorliegender Arbeit geklärt.

1.2 Zielsetzung der Arbeit

Ziel der Arbeit ist die Planung einer neuropsychologischen Untersuchung. Diese soll feststellen, welches Leistungsvermögen dem Arbeitnehmer nach seinem Unfall verblieben ist und in welchem Umfang er noch Tätigkeiten geistiger Art durchführen kann. Die bei der Untersuchung festgestellten Ergebnisse sollen die Basis für ein Gutachten bilden, das dem Auftraggeber als Entscheidungshilfe über eine Gewährung der beantragten Erwerbsminderungsrente dient.

1.3 Aufbau und Struktur der Arbeit

Die Arbeit umfasst insgesamt sechs Kapitel. Nach der Einleitung werden im zweiten Kapitel zunächst die theoretischen Grundlagen für diese Hausarbeit vermittelt. Dabei werden die Begrifflichkeiten Arbeitsfähigkeit und kognitive Beeinträchtigungen nach einer Kopfverletzung näher erläutert. Darauf aufbauend werden im dritten Kapitel relevante Merkmale festgestellt, die der Auswahl von Variablen dienen. Im vierten Kapitel wird die Untersuchungsplanung dargelegt. Hierbei wird zunächst die Grobplanung beschrieben. Anschließend werden drei spezifische diagnostische Verfahren vorgestellt. Darauf aufbauend erfolgt die Feinplanung. In der Diskussion werden die Vor- und Nachteile der gewählten Verfahren abgeschätzt und mögliche Hindernisse bei der Durchführung besprochen. Im abschließenden Fazit wird betrachtet, wie die erhaltenen Ergebnisse genutzt werden könnten.

2 Theoretische Grundlagen

Wie bereits in der Einleitung dargestellt, kommen die Anforderungen für neuropsychologische Gutachten vorrangig von den sozialen Sicherungssystemen in Deutschland. Allerdings aus unterschiedlichen Rechtsgebieten, diese könnten die Arbeitsunfähigkeit, Erwerbsminderung, Invalidität oder Haftungsschäden betreffen. Durch die unterschiedlichen Rechtsgebiete bestehen immense Unterschiede in den Beurteilungskriterien. Daher ist es unabdingbar sich einen Überblick über das Rechtsgebiet zu verschaffen, für die Bewertung der Schädigungsfolgen nach einem Schädel-Hirn-Trauma (SHT). Auf diesem wird das Sachverständigengutachten beantragt. Ebenso muss geklärt werden, welche Gutachterfragen in diesem Zusammenhang zu beantworten sind.[9]

Der diagnostische Prozess ist eine Abfolge von Schritten zur Generierung von diagnostisch relevanten Daten, die später aufgearbeitet werden, um eine gegebene Fragestellung zu

---

9 *Vgl.* Fries (2020) S. 99 – 100

beantworten. Im Anschluss wird dann auch eine Handlung daraus abgeleitet.[10] Das psychologische Diagnostizieren besteht demnach aus mehreren Teilschritten, die in der Abbildung 1 sehr
vereinfacht dargestellt wurden.

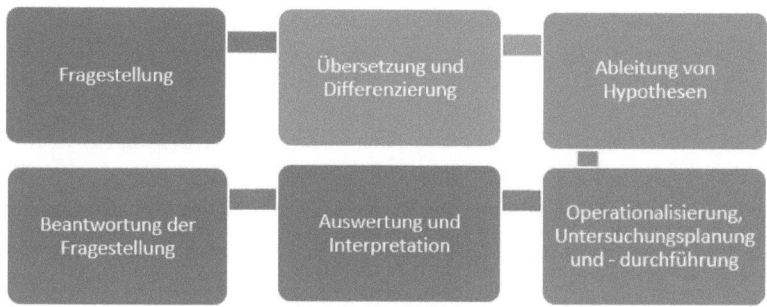

Abbildung 1: Ablauf des diagnostischen Prozesses
(Quelle: Eigene Darstellung in Anlehnung an Rentzsch & Schütz, 2009, S. 36)

Nun werden aus der Fragestellung Hypothesen abgeleitet. Um im Anschluss relevante Erhe-
bungsverfahren eingrenzen zu können, müssen die in den Hypothesen genannten Konstrukte
zunächst operationalisiert werden.[11]

Die Fragestellung im Rahmen dieser Hausarbeit lautet: „Kann dem Antrag des Arbeitnehmers
auf vorzeitige Pensionierung stattgegeben werden?". Das Arbeitsgericht hat als weitere Informationen mitangegeben, dass der Arbeitnehmer 43 Jahre alt ist und in Folge eines Unfalls mit
Kopfverletzung kognitive Beeinträchtigung hat. Aus diesen Angaben ergeben sich die in Tabelle 1 dargestellten Hypothesen und psychologischen Fragen.

Nummer	Hypothese / psychologische Frage
A	**Arbeitsfähigkeit**
H_0	Der Arbeitnehmer ist arbeitsfähig
F_{A1}	Welche gesundheitlichen Beeinträchtigungen liegen vor?
F_{A2}	Kann der Arbeitnehmer mit beruflichen Belastungen, wie Stress und Kon-flikten umgehen?
B	**Kognitive Beeinträchtigungen**
H_1	Der Arbeitnehmer hat kognitive Beeinträchtigungen
F_{B1}	Gibt es Defizite in der Gedächtnisleistung?
F_{B2}	Liegt die Intelligenz im Normbereich??

---

10 *Vgl.* Schmidt-Atzert & Amelang (2012) S. 386
11 *Vgl.* Jäger (2003) S. 350

C	Beschwerdevalidierung
H_2	Die Testergebnisse entsprechen dem aktuellen Leistungsstand.
F_{C1}	Liegen Aggravationstendenzen vor?
F_{C2}	Liegen Simulationstendenzen vor?

Tabelle 1: Abgeleitete Hypothesen und psychologische Fragen
(Quelle: Eigene Darstellung)

Aus dieser Tabelle geht hervor, dass die Konstrukte „Arbeitsfähigkeit" und „kognitive Beeinträchtigungen" zunächst operationalisiert werden müssen. In den zwei nachfolgenden Unterkapiteln werden diese Konstrukte anhand wissenschaftlicher Literatur erörtert. Abschließend erfolgt eine Betrachtung der relevanten Merkmale, die aus der Operationalisierung hervorgehen.

2.1 Arbeitsfähigkeit und Erwerbsfähigkeit

Der Finne Ilmarinen hat das Konzept der Arbeitsfähigkeit ursprünglich entworfen. Mittlerweile ist das Konzept nicht mehr nur in der Arbeitsmedizin vertreten, sondern ebenso in der Organisationspsychologie. Für das Konstrukt Arbeitsfähigkeit ergeben sich viele verschiedene Definitionen.[12] Nach Ilmarinen und Tempel ist unter dem Konstrukt Arbeitsfähigkeit das „Potenzial eines Menschen [...] eine gegebene Aufgabe zu einem gegebenen Zeitpunkt zu bewältigen" zu verstehen.[13] Somit kann Arbeitsfähigkeit nicht einfach als das Gegenteil von Arbeitsunfähigkeit betrachtet werden.[14] Ilmarinen und Tempel geben weiterhin an, dass sich die funktionellen Kapazitäten eines Individuums im Lauf der Zeit verändern. Ebenso wie die Anforderungen der Arbeit selbst. Deswegen muss in regelmäßigen Abständen ein Abgleich der vorhandenen Ressourcen eines Arbeitnehmers mit den Ansprüchen an die aktuelle Tätigkeit erfolgen.[15]

Nach Stecker und Kionke wurden die beiden Konstrukte Arbeitsfähigkeit und Beschäftigungsfähigkeit ursprünglich synonym verwendet. Das kommt daher, dass in der deutschen Übersetzung des Wortes „Work Ability" häufig von Arbeits(bewältigungs)fähigkeit gesprochen wird. Die Arbeitsfähigkeit befasst sich nach den Beiden jedoch mit der Person und ihren Fähigkeiten. Die Beschäftigungsfähigkeit wiederum beschäftigt sich ausschließlich mit dem Arbeitsmarkt und den Anforderungen dessen.[16] Nach Ihnen werden die oben genannten zwei Komponenten der Arbeitsfähigkeit wie folgt definiert: „Arbeitsfähigkeit ist gegeben, wenn eine Balance zwischen den Arbeitsanforderungen (kognitiv, physisch, affektiv) und den Arbeitsressourcen (Gesundheit, Kompetenz, Werte sowie – in unserer Auslegung – auch Arbeit) besteht".[17]

---

12 *Vgl.* Brady et al. (2020) S. 656
13 *Vgl.* Ilmarinen & Tempel (2003) S.88
14 *Vgl.* Treier (2016) S. 3
15 *Vgl.* Ilmarinen & Tempel (2003) S.88
16 *Vgl.* Stecker & Kionke (2020) S. 70
17 Stecker & Kionke (2020) S. 71

Treier unterscheidet außerdem noch die Leistungsfähigkeit von der Arbeits- und Beschäftigungsfähigkeit. Treier gibt an, dass die Leistungsfähigkeit losgelöst von der Arbeit zu betrachten ist. Andererseits wird die Leistungsfähigkeit aber gleichermaßen als Grundvoraussetzung für die Arbeitsfähigkeit angesehen. Für Treier ist die Arbeitsfähigkeit deswegen auch die relative Leistungsfähigkeit. Die Leistungsfähigkeit nach Treier ist ein stabiles Persönlichkeitsmerkmal wie die Intelligenz.[18]

Da es in der Aufgabenstellung um die vorzeitige Pensionierung geht, ist davon auszugehen, dass der Arbeitnehmer ein Beamter ist. Aus diesem Grund wird nun noch näher auf den Begriff der Erwerbsfähigkeit eingegangen. Die Arbeitsfähigkeit fokussiert den derzeitigen Gesundheitszustand, die Erwerbsfähigkeit kümmert sich aber auch um die voraussichtliche Entwicklung von Krankheit und/oder Behinderung innerhalb von sechs Monaten nach der Rehabilitation.[19] In der gesetzlichen Rentenversicherung wird die Einschränkung der Erwerbsfähigkeit als Erwerbsminderung definiert. Generell kann zwischen einer teilweisen und einer vollen Erwerbsminderung unterschieden werden. Kann man z.B. aus gesundheitlichen Gründen auf nicht absehbarer Zeit zwar drei Stunden, aber nicht mehr als sechs Stunden täglich unter den üblichen Bedingungen des allgemeinen Arbeitsmarktes erwerbstätig sein, wird in diesem Fall eine teilweise (Halbe) Erwerbsminderungsrente gezahlt.[20]
Die Beurteilung des Leistungsvermögens im Erwerbsleben umfasst einen quantitativen und einen qualitativen Anteil. Das qualitative Leistungsvermögen bezieht sich auf die noch vorhandenen Ressourcen hinsichtlich der zumutbaren Arbeitsschwere, Arbeitshaltung und Arbeitsorganisation sowie die Ressourcen, welche krankheits- oder behinderungsbedingt nicht mehr bestehen.[21] Das quantitative Leistungsvermögen wiederum meint den zeitlichen Umfang, in dem eine Erwerbstätigkeit unter Berücksichtigung des qualitativen Leistungsvermögens arbeitstäglich verrichtet werden kann. Dies ist vor allem das wichtigere Entscheidungskriterium für die Beurteilung der Erwerbsfähigkeit in der gesetzlichen Rentenversicherung.[22] Ob jemand erwerbsgemindert ist oder nicht, entscheidet das Gericht und nicht der Gutachter. Der Gutachter beurteilt die Leistungsfähigkeit.[23] Jedoch gibt es dafür keine eindeutigen Kriterien.[24] Eine

---

18 *Vgl.* Treier (2016) S. 4 -5
19 *Vgl.* Derra (2016) S. 72
20 *Vgl.* Fries (2020) S. 102 & *Vgl.* Ågren & Falk (2021) S. 33
21 *Vgl.* Cibis (2011) S. 81 & *Vgl.* Fries (2020) S. 102
22 *Vgl.* Deutsche Rentenversicherung Bund (2013) S. 61 & *Vgl.* Fries (2020) S. 102 - 103
23 *Vgl.* Ludolph (2013) S. 323
24 *Vgl.* Wilhelm & Roschmann (2007) S. 31

nützliche Unterstützung kann aber die ICF (International Classification of Functioning, Disability and Health) sein.[25] Dies ist ein Ordnungssystem, welches die WHO im Jahre 2001 in Ergänzung zur ICD-10 entwickelt hat.[26] Der Unterschied ist allerdings, dass die ICF keine Krankheiten oder Gesundheitsprobleme beurteilt. Hier geht es um die Auswirkungen auf die Funktionsfähigkeit eines Menschen in allen Lebensbereichen. Die WHO hat für die ICF drei Betrachtungsebenen definiert (siehe dazu Abbildung 2):[27]

- Ebene der *Körperfunktionen und Körperstrukturen* (Körperebene): Körperfunktionen sind die physiologischen Funktionen von Körpersystemen. Körperstrukturen sind anatomische Teile des Körpers wie Organe, Gliedmaßen und ihre Bestandteile. Defizite dieser Komponenten werden als Schädigungen bezeichnet.

- Ebene der *Aktivitäten* (Personale Ebene): Hier geht es um die Durchführung einer Aufgabe bzw. Handlung einer Person

- Ebene der *Teilhabe* (Soziale Ebene): meint das Einbezogensein eines Menschen in eine bestimmte Lebenssituation, z. B. in das Erwerbs- oder Familienleben.

Die Defizite dieser beiden Komponenten (Aktivitäten/Teilhabe) werden als Beeinträchtigungen der Aktivitäten bzw. Teilhabe bezeichnet.[28] Hinzu kommen noch die Kontextfaktoren. Diese stellen die gesamten Lebensumstände einer Person dar. Diese können einen positiven oder negativen Einfluss auf die Person mit einem bestimmten Gesundheitszustand haben:[29]

- Umweltfaktoren: bilden die materielle, soziale und einstellungsbezogene Umwelt, in der Menschen leben und ihr Leben gestalten

- personenbezogene Faktoren: sind Merkmale einer Person, die nicht Teil ihres Gesundheitsproblems oder Gesundheitszustandes sind, z.B. Geschlecht, ethnische Zugehörigkeit, Alter, Erziehung, Bewältigungsstile, sozialer Hintergrund, etc.

---

25 *Vgl.* Derra (2016) S. 76 & *Vgl.* Fries (2020) S. 99
26 *Vgl.* Fries (2020) S. 110
27 *Vgl.* Hollenweger Haskell (2014) S. 32 & *Vgl.* Fries (2020) S. 110 – 111 & *Vgl.* MDS (2005) S. 12
28 *Vgl.* MDS (2005) S. 12
29 *Vgl.* MDS (2005) S. 11

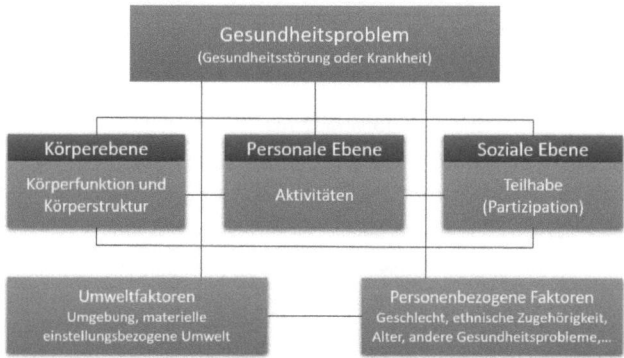

Abbildung 2: Das bio-psycho-soziale Modell der ICF
(Quelle: Eigene Darstellung, in Anlehnung an Fries (2020), S. 111 & MDS (2005) S. 10)

Die Funktionsfähigkeit eines Menschen bezüglich bestimmter Komponenten der Gesundheit ist als eine Wechselwirkung zwischen Gesundheitsproblemen und Kontextfaktoren zu verstehen. Dies gibt das nicht lineare Modell der ICF wieder.[30] Die einzelnen Komponenten der funktionalen Gesundheit müssen also nicht linear in Beziehung zueinanderstehen. Das bedeutet, dass ein bestimmtes Ausmaß einer Körperfunktionsstörung nicht automatisch zu einer Beeinträchtigung einer oder mehrerer Aktivitäten führt. Dies führt nicht zwangsweise zu einer Beeinträchtigung der Teilhabe. Es gibt also keinen kausalen Zusammenhang zwischen Auswirkungen der Gesundheitsstörung in den einzelnen Kategorien. Das Ausmaß, in dem Körperfunktionen, Aktivitäten und Teilhabe betroffen sind, wird von der Funktionsstörungsart, den Kompensationsmöglichkeiten der betroffenen Person und den Kontextfaktoren bestimmt.[31] Durch eigenständiges Training oder personenbezogene Faktoren oder Umweltfaktoren können kognitive Funktionsein-schränkungen ausgeglichen werden, weshalb es sein kann, dass keine wesentlichen Einschränkungen des quantitativen Leistungsvermögens bestehen.[32] Um eine Entscheidungsgrundlage zur Erwerbsfähigkeit zu schaffen, betrachtet die ICF die Leistungsfähigkeit einer Person umfassend. Daher genügt es nicht, die kognitiven Leistungsstörungen eines Klienten zu kennen und Folgen antizipieren zu können. Die Aufgabe eines Gutachters ist es, sich ausführlich mit dem Betroffenen, seinen bisherigen Entwicklungen, seiner Individualität sowie seinem Umfeld im Sinne eines individuellen Anforderungsprofils auseinanderzusetzen.[33] Unter Einbeziehung all dieser Informationen kann schließlich entschieden werden, ob die Leistungsfähigkeit des Klienten zur generellen und langfristigen Erwerbsfähigkeit auf dem

---

30 *Vgl.* MDS (2005) S. 12
31 *Vgl.* Fries (2020) S. 111
32 *Vgl.* Cibis (2011) S. 82
33 *Vgl.* Unverhau (2020) S. 15

allgemeinen Arbeitsmarkt ausreicht bzw. durch entsprechende Kompensation oder rehabilitative Maßnahmen wiederhergestellt werden kann.

2.2 Kognitive Beeinträchtigungen nach einer Kopfverletzung

In der Psychologie versteht man unter Kognition alles, was unter die Bereiche Wissen und Denken fällt. Die Intelligenz, die Sprache, das Denken und Problemlösen, das Gedächtnis, die Aufmerksamkeit gehören ebenso dazu, wie die Wahrnehmung. Daraus ergibt sich, dass es sich bei Kognition um Inhalte und Prozesse handelt.[34] Durch ein Schädel-Hirn-Trauma (SHT) können diese Bereiche alle beeinträchtigt werden.[35]

Nachfolgend wird zunächst eine allgemeine Definition und Einteilung des SHT sowie ein Überblick über die Epidemiologie gegeben. Im Anschluss daran werden die Schädigungsfolgen eines SHT auf kognitiver Ebene beschrieben

2.2.1 Definition und Schweregradeinteilung der Schädel-Hirn-Verletzung

Unter einem SHT wird eine Verwundung am Kopf verstanden, die durch eine äußere Gewalteinwirkung auf die Schädeldecke entsteht. Dies führt zu einer Funktionsstörung und/oder einer Verletzung des Gehirns.[36] Oftmals stützen sich neuropsychologische Gutachten auf den initial (= unmittelbar nach dem Unfall) festgestellten Schweregrad der Verletzung nach der Glasgow Coma Scale (GCS). Die GCS hat sich über Jahre als prognostisch zuverlässig erwiesen und ist daher insbesondere für die weitere Verlaufsbeurteilung von Nutzen. Zur Einschätzung des Bewusstseinszustandes werden den klinischen Funktionen „Augen öffnen", „verbale Kommunikation" und „motorische Reaktion" Punkte zwischen 1 und 6 vergeben. Die Punktwertsummen definieren dann den Schweregrad des SHT, siehe Tabelle 2: Einteilung des Schweregrades eines SHT nach GCS.

Punkte	Schweregrad
13 – 15	Leichtes SHT
9 – 12	Mittelschweres SHT
3- 8	Schweres SHT (Hirnquetschung)

Tabelle 2: Einteilung des Schweregrades eines SHT nach GCS
(Quelle: Eigene Darstellung, in Anlehnung an Fries (2020), S. 5)

---

34 *Vgl.* Gerrig (2016) S. 286
35 *Vgl.* Oder & Wurzer (2011) S. 315
36 *Vgl.* Firsching & Ferber (2009) S. 5 & *Vgl.* Oder & Wurzer (2011) S. 309

Für die Einteilung der Schwere eines SHT gibt es verschiedene Skalen. Tönnis und Loew (1953) führten eine Beurteilung ein, die die Dauer der vollständigen Rückbildung aller neurologischen Störungen betrachtet.[37] Firsching und Kollegen (2003) sowie Rüsseler (2009) beschreiben, dass es nach diesem System drei Schweregrade gibt.[38]

Schweregrad	Kennzeichen
SHT I / Gehirnerschütterung	alle neurologischen Störungen sind innerhalb der ersten vier Tage wieder zurückgebildet
SHT II / Gehirnprellung	Rückbildung läuft innerhalb von drei Wochen ab
SHT III /Hirnquetschung	Die neurologischen Störungen bestehen über drei Wochen hinaus.

Tabelle 3: SHT Schweregrade und ihre Kennzeichen
(Quelle: Eigene Darstellung, in Anlehnung Vgl. Firsching, et al. (2003) S. A 1868)

2.2.2 Epidemiologie
2016 gab es in der BRD insgesamt 419 507 Patienten, die aufgrund eines SHT jedweden Schweregrades vollstationär behandelt wurden. In der Altersgruppe der 29- bis 45-Jährigen zählt das SHT zu den Hauptursachen für Tod oder lebenslange Behinderung.[39] Unfallchirurgen müssen jedoch auch immer mehr ältere Menschen behandeln, die bei einem Sturz ein Schädel-Hirn-Trauma erlitten haben, ergab eine Studie der Neurologischen Kliniken der Ruhr-Universität Bochum. Die Studie ergab auch, dass der Schweregrad der Verletzung bei den älteren Leuten deutlich höher liegt.[40] Ungefähr 90 % aller SHT's in der BRD fallen in die Kategorie des I. Grades, also einer Gehirnerschütterung.[41] Kristman und Kollegen fanden in ihrer Studie heraus, dass 5 % der Patienten mit einem leichten SHT nach zwei Jahren immer noch nicht am Berufsleben teilnehmen können. An dieser Stelle ist jedoch anzumerken, dass diese 5 % aus Untersuchungen aus dem Jahren 1997/1998 zurückgehen, inzwischen ist die Medizin schon weiter vorangeschritten.[42]

2.2.3 Kognitive Leistungsbeeinträchtigungen als Folge des SHT
Häufige Folgen eines SHTs sind kognitive Defizite, affektive Störungen, Verhaltensstörungen, Gleichgewichtsstörungen, Minderbelastbarkeit und Kopfschmerzen.[43] Oft leiden selbst Patienten, bei denen ein leichtes Schädel-Hirn-Trauma diagnostiziert wurde, unter kognitiven

---

37 *Vgl.* Firsching, Woischneck, Reissberg, Döhring & Peters (2003) S. A 1868
38 *Vgl.* Firsching, et al. (2003) S. A 1868
39 *Vgl.* Fries (2020) S. 7 & *Vgl.* Ärzteblatt.de (2021a)
40 *Vgl.* Ärzteblatt.de (2021b)
41 *Vgl.* Strowitzki (2018) S. 53
42 *Vgl.* Oder & Wurzer (2011) S. 309
43 *Vgl.* Fries (2020) S. 88

Einschränkungen. Bei 65 % der Patienten mit mittelschwerem bis schwerem SHT liegen kognitive Leistungsbeeinträchtigungen vor, bei Patienten mit leichten SHT sind es nur etwa 15%.[44] Kognitive Defizite nach einem SHT können u.a. Störungen der Aufmerksamkeitsleistungen und Gedächtnisfunktionen sein, aber auch Störungen der kognitiven Belastbarkeit und des Lernens. Die Informationsverarbeitung ist generell verlangsamt. Ebenso können das Urteilsvermögen, die Organisations- und Planungsfähigkeit, die Sprache und Kommunikation, aber auch das rechnerische Denken stark eingeschränkt sein.[45] Da Art und Schweregrad der Schädigung stark differieren und die Untersuchungen zur Erfassung kognitiver Leistungsbeeinträchtigungen sehr variabel sind, stehen allerdings keine validen Daten zur Häufigkeitsverteilung dieser Störungen zur Verfügung. Klar ist jedoch, dass die kognitiven Funktionsstörungen Einschränkungen und Behinderungen sowohl in der Bewältigung alltäglicher Anforderungen als auch in den Aktivitäten des täglichen Lebens und im Beruf hervorrufen.[46]

Je nach Umfang und Ort der Hirnverletzung können dabei einzelne oder mehrere Funktionen beeinträchtigt sein. Bildgebende Verfahren wir Computertomographie (CT) oder Magnetresonanztomographie (MRT) reichen dabei nicht aus, um den Grad der Beeinträchtigung festzustellen.[47] Die Leitlinie „Neuropsychologische Begutachtung" der Gesellschaft für Neuropsychologie schlägt daher vor Testverfahren zu folgenden Funktionen und Teilfunktionen heranzuziehen, siehe dazu die nachfolgende Tabelle 4.[48]

---

44 *Vgl.* Rabinowitz & Levin (2014) S. 1
45 *Vgl.* Rüsseler (2009) S. 19
46 *Vgl.* Fries (2020) S. 60
47 *Vgl.* Klinik am Waldschlößchen GmbH (2021)
48 *Vgl.* Fries (2020) S. 60

Kognitive Funktionen	Beispiele
Wahrnehmung	visuell: Gesichtsfeld
	akustisch: Tonunterscheidung
Aufmerksamkeit	selektive, geteilte Aufmerksamkeit
Lernen und Gedächtnis	verbale Lernfähigkeit, verzögerter Abruf
Handlungsbezogene Exekutivfunktionen	Planungsfähigkeit
Sozialkognitive Exekutivfunktionen	Erkennen von Emotionen
Intelligenz	abstrakt-logisches Denken
Sprache und Sprechen	Sprachverständnis, Stimme
Emotionales Erleben und Verhalten	Angst, Aggression
Persönlichkeit	Offenheit, Leistungsmotivation
Reaktionen auf das Unfallereignis	posttraumatische Verarbeitung

Tabelle 4: Häufig beeinträchtigte kognitive Funktionen nach einem SHT
(Quelle: Eigene Darstellung, in Anlehnung an Fries (2020), S. 60 – 61)

Die Arbeitsgemeinschaft der Wissenschaftlichen Medizinischen Fachgesellschaften (AWMF) merkt noch an, dass vom Sachverständigen durchgeführte Kurztests (z. B. Syndrom-Kurztest, Mehrfachwahl-Wortschatztest) an dieser Stelle nicht ausreichend sind. Denn die Validität in Bezug auf die neuropsychologische Fragestellung ist nicht bewiesen.[49]

Bezüglich der Validität der Diagnosestellung und Einschätzung des Leistungsvermögens herrscht bei Gutachtern von Personen mit kognitiven Funktionsbeeinträchtigungen gerade Unsicherheit. Nicht selten kommt es vor, dass Krankheitssymptome oder Beschwerden willentlich gezeigt bzw. geschildert werden, um daraus finanzielle Vorteile zu ziehen.[50] Es wird geschätzt, dass die Prävalenz von Täuschungsversuchen bei Patienten nach leichtem Schädel-Hirn-Trauma in diesem Zusammenhang bei über 40 % liegt.[51] Auf Grund dieser hohen Zahl sollte der Gutachter die Authentizität der in den Leistungstests gezeigten Einschränkungen grundsätzlich überprüfen.[52] Der Gutachter kann dafür sogenannte Beschwerdevalidierungstests einsetzen. Diese stellen einen wichtigen Bestandteil in der gutachterlichen Bewertung der kognitiven Leistungsfähigkeit dar, allerdings keinen allein entscheidenden. Denn auch diese liefern noch keinen gesicherten Beweis für oder gegen Manipulationsversuche. Die Testergebnisse müssen differenziert mit den Eindrücken aus der Verhaltensbeobachtung und den Ergebnissen

---

49 *Vgl.* AWMF (2018) S. 2 & *Vgl.* Fries (2020) S. 61
50 *Vgl.* Kobelt-Pönicke &Walter(2020)
51 *Vgl.* Merten (2014) S. 8 – 9
52 *Vgl.* Merten & Dohrenbusch (2010) & *Vgl.* Schneider, Frister & Olzen (2015) S. 89

evtl. vorangegangener Untersuchungen verglichen und im Anschluss auf den Prüfstand gestellt werden. [53]

Aus den Operationalisierungen der Arbeitsfähigkeit und kognitiven Beeinträchtigungen ergeben sich eine Menge an Charakteristika, die relevant sein können. Im nachfolgenden Kapitel werden diese Merkmale genauer betrachtet. Zusammenfassend kann gesagt werden, dass nach einem SHT verschiedenste kognitive Beeinträchtigungen vorliegen können, die erhebliche Auswirkungen auf die Arbeitsfähigkeit haben können.

3 Auswahl von relevanten Merkmalen

Im vorherigen Kapitel wurde erläutert, was unter Arbeitsfähigkeit/Erwerbsfähigkeit und unter Kognitiven Beeinträchtigungen nach einer Kopfverletzung zu verstehen ist. Dabei wurden bereits Merkmale genannt, die die jeweiligen Konstrukte ausmachen. In diesem Teil der Arbeit werden die Variablen, die für die spätere Testung von Relevanz sind, ausgearbeitet. Damit keine relevanten Variablen im diagnostischen Prozess unberücksichtigt bleiben, wird die Anwendung einer Verhaltensgleichung empfohlen.[54] Westhoff und Kluck entwickelten diese, welche dazu dient, die Variablen zusammenzufassen, die für die Erklärung und Vorhersage von individuellen Verhalten wichtig sind:[55]

$$V = f_I(U, O, K, E, M, S)$$

Die Variablen werden von Westhoff und Kluck in zwei Gruppen eingeteilt. Die nicht psychologische Gruppe (U und O) beinhaltet externale Faktoren und die körperliche Ausgangslage. Hingegen betrachtet die zweite Gruppe (K, E, M und S) internale Faktoren. Eine Erklärung zu den Variablen ist in Tabelle 5 zu finden.

V	individuelles Verhalten	U	Umgebungsvariablen
O	Organismusvariablen	K	Kognitive Variablen
E	Emotionale Variablen	M	Motivationale Variablen
S	Soziale Variablen und dem Subskript	I	Wechselwirkung zwischen den Variablen

Tabelle 5: Legende zur Verhaltensgleichung
(Quelle: Eigene Darstellung, in Anlehnung an Westhoff & Kluck (2014) S.24)

Laut der Aufgabenstellung ist über den Klienten nur bekannt, dass er 43 Jahre alt ist, kognitive Beeinträchtigungen durch eine Kopfverletzung hat und aufgrund dieser einen Antrag auf vorzeitige Pensionierung gestellt hat. Für die Verhaltensgleichung von Westhoff und Kluck ergeben sich aus dem Kreis der Arbeit und den Informationen zu möglichen kognitiven Beeinträchtigungen nach einem SHT die in Tabelle 6 dargestellten Merkmale. Vor der Datenerhebung

---

53 *Vgl.* Fries (2020) S. 62
54 *Vgl.* Schmidt-Atzert & Amelang (2012) S. 401
55 *Vgl.* Westhoff & Kluck (2014) S.24

müssen jedoch Variablen herausgesucht werden, die im Zusammenhang mit der Definition der Konstrukte immer wieder als relevant gekennzeichnet wurden.[56] In diesem Fall ist das die kognitive Variable.

	Variable	Beispiele, welche für die Begutachtung relevant sein könnten
U	Umgebungs-variablen	- Finanzielle Situation / Wohnsituation - Kommunikationsbedingungen - Zur Verfügung stehende Zeit
O	Organismus-Variablen	- Allgemeine körperliche Belastbarkeit - Gesundheitliche Beeinträchtigungen - Behinderungen / Chronische Krankheiten
K	Kognitive Variablen	- Allgemeine Intelligenz und Intelligenzstruktur - Konzentration und Gedächtnisleistungen - Kreativität und künstlerische Begabung - Arbeitsstil / Gewissenhaftigkeit - Kulturtechniken: Schreiben, Lesen, Grundrechenarten - Fachkenntnisse
E	Emotionale Variablen	- emotionale Belastbarkeit - Umgang mit Belastungen / Frustrationen / Gefühlen - emotionale Bindungen
M	Motivatio-nale Variablen	- Motive und Interessen / Ziele - Wertvorstellungen / Erwartungen / Überzeugungen - Entscheidungsverhalten / Aktivität / Extraversion
S	Soziale Variablen	- Einstellungen und Erwartungen / Stereotypen - Soziale Intelligenz bzw. Kompetenzen - Verpflichtungen / Normen - Bedeutsame andere Personen

Tabelle 6: Merkmale für die Begutachtung
(Quelle: Eigene Darstellung, in Anlehnung an Westhoff & Kluck (2014) S.25 - 32)

Für einen Beschäftigten ist es wichtig, nicht nur Informationen aufzunehmen, sondern dass diese sich gemerkt und anschließend weiterverarbeitet werden können.[57] Aus dem Arbeitsbereich ergeben sich somit verschiedene Anforderungen an die kognitiven Fähigkeiten eines Beschäftigten, welche je nach Stelle unterschiedliche Ausprägungen haben können.[58]

Bei neurologischen Störungen empfehlen Behle, Uekermann und Daum immer eine Bestimmung des aktuellen intellektuellen Leistungsniveaus. Die Stärken und Schwächen sollen dabei im Intelligenztest betrachtet werden.[59] So wird herausgefunden, wo der Patient Beeinträchtigungen hat und in welchen Bereichen somit kein oder nur ein geringes intelligentes Handeln möglich ist.[60] Durch diese Testung können auch Ergebnisse von Aufmerksamkeits- und

---

56 *Vgl.* Tausch (2018) S. 33
57 *Vgl.* Westhoff & Kluck (2014) S.27
58 *Vgl.* Adorjan, Kistner, Fink, Dehning & Falkai (2014) S. 50
59 *Vgl.* Behle, Uekermann & Daum (2008) S. 371 - 372
60 *Vgl.* Westhoff & Kluck (2014) S.28

Gedächtnistestungen besser interpretiert werden, welche laut Sturm unabdingbar näher betrachtet werden sollten. Ebenso wird empfohlen das Arbeits- und Langzeitgedächtnis zu testen.[61] Die Werte, welche bei der Testung des Arbeitsgedächtnisses herauskommen, sind allerdings nur bedingt auf den Alltag zu übertragen. Alltagssituationen haben einfach deutlich höhere Anforderungen an die kognitiven Prozesse und die Durchführung von anspruchsvolleren Aufgaben ist mit erheblichen Schwierigkeiten verbunden. Dies trifft auch auf die exekutiven Leistungen zu.[62] Da Schreiben, Lesen und die Grundrechenarten zu den Grundvoraussetzungen im Arbeitsleben gehören, sollte dies bei der Betrachtung der kognitiven Variabeln zu achten sein.[63]

4 Untersuchungsplanung

Nachdem die relevanten Merkmale für die Testung des Klienten abgeleitet wurden, geht es in diesem Kapitel um die praktische Durchführung, also die Untersuchungsplanung. Hierzu wird das Kapitel in drei Teile untergliedert: 4.1 Grobplanung, 4.2 Auswahl diagnostischer Verfahren und 4.3 Feinplanung.

Bei der Untersuchungsplanung geht es darum, zu planen, wie die Diagnostik Schritt für Schritt durchgeführt werden soll. Es wird also entschieden, wie die in Kapitel 3 identifizierten Merkmale erhoben werden sollen.[64] Es geht um Qualität vor Quantität, allerdings muss beachtet werden, dass in der Untersuchungsplanung eine positive Differenz zwischen dem Nutzen und den Kosten immer die höchste Priorität hat.[65] Die Qualität des Gutachtens und somit der vorherigen Schritte, wie die Untersuchung, die Interpretation der Ergebnisse und die daraus resultierende Entscheidung hängen stark von der Planung des Untersuchungsvorganges ab. Innerhalb der Durchführungsplanung wird zwischen einer Grob- und einer Feinplanung unterschieden. Dies begründet sich darin, dass die Grobplanung in das Gutachten übernommen wird und den Lesenden einen groben Überblick über die Diagnostik geben soll.[66]

4.1 Grobplanung

In Kapitel 2 wurden bereits sechs exemplarische psychologische Fragen abgeleitet. In der Grobplanung werden nun zu jeder psychologischen Fragestellung Informationen zusammengetragen, welche dabei unterstützen, die Fragen zu beantworten. Grundsätzlich kommen dabei folgende Verfahren in Frage:[67]

---

61 *Vgl.* Sturm (2006) S. 646–648
62 *Vgl.* Gonschorek, Schwenkreis & Guthke (2016) S. 571
63 *Vgl.* Westhoff & Kluck (2014) S.29
64 *Vgl.* Westhoff & Kluck (2014) S.54
65 *Vgl.* Westhoff, Hagemeister & Strobel (2006) S. 398
66 *Vgl.* Westhoff & Kluck (2014) S.54
67 *Vgl.* Westhoff & Kluck (2014) S.54 - 55

- standardisierte Verfahren (z. B. Tests, Fragebögen, Arbeitsproben)
- eilstandardisierte Verfahren (z.B. Verhaltensbeobachtungen, diag. Interview)
- sonstige Informationsquellen (z. B. Arztberichte, Akten)

In der Abbildung 3 ist eine schematische Darstellung der Grobplanung anhand der in Kapitel 2 abgeleiteten psychologischen Fragen abgebildet. Weiterhin wurde jeder Fragestellung ein mögliches Testverfahren zur Beantwortung der Frage zugewiesen.

Abbildung 3: Zuordnung von Verfahren zu verschiedenen Fragestellungen[68]
(Quelle: Eigene Darstellung, in Anlehnung an Schmidt-Atzert & Krumm (2007) S. 13)

4.2 Auswahl diagnostischer Verfahren

Bei der neuropsychologischen Diagnostik ist zu beachten, dass eine umfangreiche Analyse der kognitiven Leistungen, der Persönlichkeit und des Verhaltens stattfinden muss.[69] Aus diesem Grund müssen die drei Themenbereiche Arbeitsfähigkeit, kognitive Beeinträchtigungen und Beschwerdenvalidierung untersucht werden. In Abbildung 3 wurden den abgeleiteten Fragen diagnostische Verfahren zugewiesen. Bei der Auswahl der Verfahren werden neben den Gütekriterien noch andere Kriterien, wie zum Beispiel aktuelle Normen, die Zumutbarkeit für den Probanden und der Zeitaufwand durch die diagnostizierende Person betrachtet.[70]

Für den weiteren Verlauf der Arbeit hat sich die Autorin dafür entschieden, drei Testverfahren aus der Abbildung 3 näher zu erläutern. Hierfür werden in den kommenden Abschnitten die WMS-IV – Wechsler Memory Scale – Fourth Edition, der Intelligenz-Struktur-Test 2000 R (I-S-T 2000 R) und das SIRS-2 – Structured Interview of Reportes Symtoms – 2 betrachtet.

---

68 Anmerkung: SF-36 = Fragebogen zum Gesundheitszustand, SVF = Stressverarbeitungsfragebogen, AVEM = Arbeitsbezogenes Verhaltens- und Erlebnismuster, WMS-IV = Wechsler Memory Scale – Fourth Edition, I-S-T 2000 R = Intelligenz-Struktur-Test 2000 R, SIRS-2 = Structured Interview of Reportes Symptoms – 2, SRSI = Self-Report Symptom Inventory – deutsche Fassung
69 *Vgl.* Oder & Wurzer (2011) S. 321
70 *Vgl.* Tausch (2018) S. 16

4.2.1 WMS-IV – Wechsler Memory Scale – Fourth Edition

Der Wechsler Memory Scale (WMS-IV) in der vierten Generation ist ein Test von Lepach und Petermann. Hierbei handelt es sich um ein Verfahren zur Messung unterschiedlicher Gedächtniskomponenten und kann für Personen im Alter von 16 bis 90 Jahren genutzt werden.[71] Das neuropsychologische Testverfahren erfasst Leistungen zum Kurzzeit- und Arbeitsgedächtnis sowie zum Wiedererkennen von Informationen.[72] Der WMS-IV bestimmt aus sieben Untertests. Drei Untertests wurden aus der Vorgängerversion WMS-III übernommen und umfassen die Bereiche: *Logisches Gedächtnis, Verbale Paarerkennung und Visuelle Wiedergabe.* Die vier neuen Untertests befassen sich mit den Bereichen: *Kognitives Kurzscreening, Muster Positionieren, Räumliche Ergänzung und Symbolfolgen.* Das kognitive Kurzscreening kann optional angewandt werden und bietet die Möglichkeit, erste Hinweise zum kognitiven Status des Probanden zu erhalten.[73] Die Untertests lassen sich den fünf Indizes Auditives Gedächtnis, Visuelles Gedächtnis, Visuelles Arbeitsgedächtnis, Unmittelbare Wiedergabe und Verzögerte Wiedergabe zuordnen. Das kognitive Kurzscreening wird in den Indexwerten nicht berücksichtigt, siehe dazu die folgende Abbildung 4.[74] Die Beschreibung der Untertests sind in Tabelle 7 zu sehen.

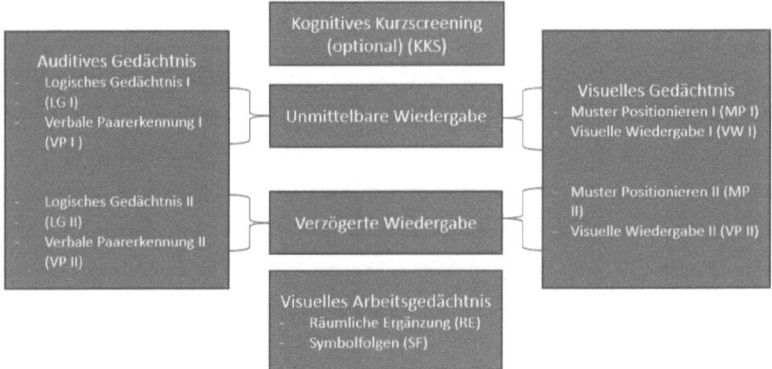

Abbildung 4: Teststruktur der WMS-IV: Erwachsene I
(Quelle: Eigene Darstellung, in Anlehnung an Petermann & Lepach (2012) S. 5)

---

71 *Vgl.* Habel &Schneider (2017) S. 60
72 *Vgl.* Lepach (2013) S. 87
73 *Vgl.* Koch (2012) S. 519 & *Vgl.* Petermann & Lepach (2021) S. 3
74 *Vgl.* Petermann & Lepach (2021) S. 4-5

Untertests	Beschreibung
KKS	- optionale Ergänzung - zeitliche Orientierung, mentale Kontrolle, Uhrenzeichen, beiläufiges Erinnern, Inhibition und Sprachproduktion
LG I	- Testperson (TP) werden 2 Geschichten vorgetragen - TP soll diese nacherzählen
LG II	- Langzeitgedächtnis (LZG) wird überprüft - TP soll die beiden Geschichten erneut wiedergeben - TP werden „Ja oder Nein"-Fragen zu den Geschichten gestellt
VP I	- 10 oder 14 Wortpaare werden vorgelesen - 1. Wort des Wortpaares wird TP vorgegeben, 2. Wort muss durch TP ergänzt werden - 4 Durchgänge
VP II	- LZG getestet - 1. Wort des Wortpaares wird TP vorgegeben, 2. Wort muss durch TP genannt werden - TP soll aus Liste die gelernten Wortpaare aus VP I identifizieren - Optional: frei möglichst viele Wortpaare aus VP I nennen
MP I	- Erfassung des visuell-räumlichen Gedächtnis - TP wird Raster mit 4 – 8 Muster für 10 Sekunden gezeigt - TP muss aus einem Stapel Karten die entsprechenden Muster heraussuchen und in die richtige Reihenfolge bringen

Untertests	Beschreibung
MP II	- TP muss Musteranordnung aus MP I wieder im Raster platzieren
	- aus verschiedenen Anordnungen richtige Muster (aus MP I) wählen
VW I	- Verwendung von nonverbalen Stimuli
	- TP werden 5 Muster für jeweils 10 Sekunden gezeigt
	- TP muss Muster direkt danach zeichnen
VW II	- Testung des visuell-räumlichen LZG
	- TP wird aufgefordert, die präsentierten Muster aus VW I in beliebiger Reihenfolge nachzuzeichnen
	- TP muss aus 6 Mustern ein Muster aus VW I wiedererkennen
RE	- Betrachtung des visuell-räumlichen Arbeitsgedächtnis (AG) mithilfe von visueller Additionsleistung
	- TP sieht Raster mit blauen und roten Kreisen für 5 Sekunden
	- Raster soll nach bestimmten Regeln nachgelegt werden
SF	- Testung des sequenziell visuellen AG
	- TP wird eine aufsteigende Reihenfolge von Symbolen für wenige Sekunden gezeigt
	- TP soll Symbole anhand einer Auswahl wiedergeben

Tabelle 7: Beschreibung der Untertets des WMS-IV
(Quelle: Eigene Darstellung, in Anlehnung an Petermann & Lepach (2012) S. 24-25)

Nach Petermann und Lepach fließen in die Bildung des Indexwertes nur ein Teil der erfassten Ergebnisse der Untertests ein. Die Indexwerte stellen eine umfassende Leistung dar und sind als Grundlage anzusehen, aus der heraus weiter differenziert werden kann. Der Index *„Auditives Gedächtnis"* zeigt die Gedächtnisleistungen zu mündlich kommunizierten Inhalten auf. Der Index *„Visuelles Gedächtnis"* hingegen zeigt Leistungen zu visuell präsentierten Inhalten. Der Index *„Visuelles Arbeitsgedächtnis"* gibt an, wie die TP kurzfristig visuelle Stimuli verarbeitet. Der Index *„Unmittelbare Wiedergabe"* gibt einen Anhaltspunkt darüber, wie gut die Testperson auditiv und visuell erhaltene Informationen wiedergeben kann. Die Fähigkeit, sich an mündlich visuell kommunizierte Inhalte nach einer Zeitspanne von 20 bis 30 Minuten zu erinnern, gibt der Index *„Verzögerte Wiedergabe"* an.[75]

Die Durchführungszeit der Testversion Erwachsene I beträgt in etwa 75 Minuten. Die Auswertung nimmt ungefähr 20 Minuten in Anspruch.[76] Für die WMS-IV liegen geschlechts- und bildungsrepräsentative Normen für 14 Altersgruppen vor, die auf einer Normstichprobe von N =

---

75 *Vgl.* Petermann & Lepach (2012) S. 27
76 *Vgl.* Petermann & Lepach (2021) S. 8

812 basieren.[77] Für die Interpretation werden die Rohwerte altersbezogen in Skalenwertpunkte umgerechnet. Der WMS-IV kann nur als Individualtest durchgeführt werden, da die Untertests mündlich Punkt für Punkt mit dem Probanden durchgeführt werden.[78] Grundsätzlich zeichnet sich die WMS-IV durch ein hohes Maß an Standardisierung bezüglich Durchführung und Auswertung aus. Die Reliabilitätsmaße der fünf Indexwerte sind in allen Altersgruppen mit Werten von 0,88 bis 0,98 sehr hoch. Trotz mäßiger Zusammenhänge der Untertests zeigte sich, dass Subtests, die ähnliche Funktionen untersuchen, höher korrelieren. Die drei angenommen Hauptskalen, d. h. Auditives Gedächtnis, Visuelles Gedächtnis und Visuelles Arbeitsgedächtnis ließen sich durch eine Faktorenanalyse bestätigen.[79]

4.2.2 I-S-T 2000 R - Intelligenz-Struktur-Test 2000 R

Um die Intelligenz und das Denkvermögen zu überprüfen, wird der Intelligenz-Struktur-Test 2000 R (I-S-T 2000 R) von Amthauer, Brocke, Liepmann und Beauducel eingesetzt. Bei diesem Test handelt es sich um die erweiterte und überarbeitete Version des von Rudolf Amthauer entwickelten Intelligenz-Struktur-Tests aus dem Jahre 1955.[80] Der I-S-T 2000 R misst unterschiedliche Faktoren der Intelligenz. Der Test besteht aus zwei Teilen, dem Grundmodel und dem Erweiterungsmodel. Beide können getrennt voneinander eingesetzt werden. Mit dem Grundmodell kann man das schlussfolgernde Denken (fluide Intelligenz) ohne Wissensanteil erfassen. Die Merkfähigkeit kann bei Bedarf zusätzlich gemessen werden. Beim Erweiterungsmodul geht es um das allgemeine Wissen (kristalline Intelligenz). Bei dem Erweiterungsmodul muss der Einfluss des schlussfolgernden Denkens schon überwiegend bereinigt worden sein. Darüber hinaus liefert der Test Kennwerte für die numerische, verbale und figurale Intelligenz. Mit dem I-S-T 2000 R können wegen seinem theoretisch fundierten und empirisch begründeten Strukturkonzept elf Fähigkeiten sowie die Generalfaktoren fluide und kristalline Intelligenz erfasst werden, siehe dazu die folgende Tabelle 8:[81]

77 *Vgl.* Wechsler (2020)
78 *Vgl.* Petermann & Lepach (2021) S. 8 & *Vgl.* Kapfhammer (2009), S. 584
79 *Vgl.* Wechsler (2020)
80 *Vgl.* Amthauer, Brocke, Liepmann & Beauducel (2007) & *Vgl.* Lüdemann &Lüdemann (2007), S. 56
81 *Vgl.* Schmidt-Atzert & Amelang. (2012) S. 215 & *Vgl.* Wagner-Emden (2012), S. 47 – 48

Modul	Aufgabengruppe	Kennwerte		
Grundmodul Kurzform	Satzergänzungen			Schlussfolgerndes Denken
	Analogien	Verbale Intelligenz		
	Gemeinsamkeiten			
	Rechenaufgaben			
	Zahlenreihen	numerische Intelligenz		
	Rechenzeichen			
	Figurenauswahl			
	Würfelauswahl	figural-räumliche Intelligenz		
	Matrizen			
Merkaufgaben	Merkaufgaben (verbal)	Merkfähigkeit (verbal)		Merkfähigkeit gesamt
	Merkaufgaben (figural)	Merkfähigkeit (figural)		
Erweiterungsmodul „Wissenstest"	Wissenstest	verbales Wissen		Wissen gesamt
		numerisches Wissen		
		figurales Wissen		

Tabelle 8: Module und Aufgabengruppen des I-S-T 2000 R
(Quelle: Eigene Darstellung, in Anlehnung an Wagner-Emden(2012), S. 48 – 49)

Der Test wurde für Personen ab 15 Jahren konzipiert. Das Grundmodul besteht aus elf Subtests mit je 20 Aufgaben (außer den beiden Subtests zur Merkfähigkeit, die je 10 Items umfassen) und deckt fünf Fähigkeitsbereiche ab: verbale, numerische und figurale Intelligenz, schlussfolgerndes Denken und Merkfähigkeit. Die Zeit dafür liegt bei etwa 1 Stunde 30 Minuten. Werden zusätzlich Merkaufgaben durchgeführt, müssen inklusive einer dann notwendigen Pause 2 Stunden für den Test veranschlagt werden. Das Erweiterungsmodul umfasst 84 Fragen zu sechs verschiedenen Wissensgebieten (Geografie/Geschichte, Wirtschaft, Kunst/Kultur, Mathematik, Naturwissenschaften, Alltag) in drei Kodierungsarten (verbal, numerisch oder figural kodiertes Wissen). Das Erweiterungsmodul, also der Wissenstest, erfordert weitere 40 Minuten.[82]

Um den 43-jährigen Klienten auf die spezifischen Anforderungen seiner zuletzt ausgeübten Tätigkeit zu testen, werden lediglich einzelne Module aus dem I-S-T 2000 R herausgegriffen. In unserem vorliegenden Fall empfiehlt sich eine Beschränkung auf das Grund- und Merkaufgaben-Modul. Für das Arbeitsleben spielt vornehmlich die fluide Intelligenz, vornehmlich die figural-räumliche und numerische Intelligenz, ebenso wie die Merkfähigkeit eine besondere Rolle. Die kristalline Intelligenz ist dagegen weniger interessant und kann vernachlässigt

---

82 *Vgl.* Kersting (2000), S. 97 & *Vgl.* Rentzsch & Schütz (2009) S. 86

werden.[83] Damit der Gutachter Aussagen über das sprachliche Verständnis des Klienten treffen kann, wird der Untertest *Gemeinsamkeiten* eingesetzt. Der Klient hat hier die Aufgabe, aus einer Gruppe von sechs Begriffen, jene beiden auszuwählen, die sich unter einem gemeinsamen Oberbegriff subsumieren lassen.[84] Zur Messung der figural-räumlichen Intelligenz bieten sich u. a. *Matrizenaufgaben* an, bei denen der Klient Bildungsregeln von bestimmten Formen erkennen muss. Anhand von *Rechenaufgaben* und *Zahlenreihen*, die in ihrer Logik fortzusetzen sind, wird die Fähigkeit des Klienten erfasst, logische Fazits aus numerischen Daten zu ziehen (numerische Intelligenz). Die Merkfähigkeit des 43-Jährigen für Ereignisse, Abläufe etc. lässt sich schließlich über *verbale* und *figurale Merkaufgaben* überprüfen.

Für die Interpretation der Messergebnisse braucht es den Vergleich zu einer Referenzgruppe. Als normative Bezugsgröße liegen Standardwerte von mehr als 5.800 Personen im Alter zwischen 15 und 60 Jahren vor. Normtabellen existieren für Gymnasiasten, Nicht-Gymnasiasten und die Gesamtgruppe. Darüber hinaus werden Normen für unterschiedlich differenzierte Altersgruppen (Einteilung in acht Altersgruppen 15-16, 17-18, 19-20, 21-25, 26-30, 31-40, 41-50 und älter als 50 Jahre) ausgewiesen.[85] Im Fall des Klienten werden die Daten mit der Altersgruppe der 41-50-Jährigen verglichen.

Beim I-S-T 2000 R kann tendenziell von einer hohen Messgenauigkeit ausgegangen werden. Die interne Konsistenz des Tests beträgt für den Grundmodul-Gesamtwert, die Merkfähigkeit und den Wissenstest zwischen 0,93 und 0,96. Für die Aufgabengruppen innerhalb der Skalen verbal, numerisch und figural fallen die Reliabilitäten zum Teil wesentlich niedriger aus. Aus diesem Grund sollte unbedingt den Vorgaben der Testautoren gefolgt und auf eine separate Auswertung einzelner Untertestergebnisse verzichtet werden. Zur Retest-Reliabilität sind bislang keine Daten vorhanden. Die Teststruktur wurde mithilfe einer konfirmatorischen Faktorenanalyse untersucht. Die Ergebnisse dieser Analyse bestätigen, dass die Aufgabengruppen des erweiterten Grundmoduls zu Kennwerten für numerische, verbale und figurale Intelligenz sowie Merkfähigkeit verrechnet werden dürfen. Das Konstrukt der Intelligenz wird präzise abgebildet. Dies legen Korrelationen von 0,63, 0,69 und 0,49 zwischen schlussfolgerndem Denken und drei konvergenten Tests dar. Dass der Test nichts anderes misst, als er messen soll, bestätigen niedrige Korrelationen mit einem Konzentrations- und einem Wortschatztest.[86]

---

83 *Vgl.* Feichtner & Dietzel (2019), S. 220
84 *Vgl.* Lüdemann &Lüdemann (2007), S. 57
85 *Vgl.* Schmidt-Atzert & Amelang. (2012) S. 219 & *Vgl.* fachportal-hochbegabung.de (o.J.)
86 *Vgl.* Kersting (2000) S. 98 & *Vgl.* Schmidt-Atzert & Amelang (2012) S. 144, 218

4.2.3 SIRS-2 - Structured Interview of Reportes Symptom

Der Test SIRS-2 ist die deutsche Fassung des Structured Interview of Reported Symptoms von Richard Rogers, Kenneth W. Sewell und Nathan D. Gillard, wird bevorzugt in der Medizinpsychologie angewendet.[87] Der Test wurde hauptsächlich entwickelt, um Reaktionsstile zu erkennen, die häufig mit Täuschungen verbunden sind. Hinzu kommt, dass der Test die Klassifizierung als Täuschung (eindeutig oder wahrscheinlich) oder als authentische Reaktion durchführt. Ebenso sind die Identifizierung inkonsistenter und anderer problematischer Reaktionsstile, die Auswirkungen auf die therapeutische Dynamik und andere Behandlungsüberlegungen möglich.[88]

Der SIRS-2 kann mit Probanden ab einem Alter von 18 Jahren durchgeführt werden.[89] SIRS-2 ist ein strukturiertes Interview, das insgesamt 172 Items auf acht Primärskalen und vier Zusatzskalen abbildet. Von den 172 Items werden 32 im Laufe des Interviews wiederholt.[90] Die Skalen bilden z.B. die folgenden Konzepte ab: seltene Beschwerden, Symptomkombinationen, unglaubhafte oder absurde Beschwerden, offenkundige Beschwerden, subtile Beschwerden, Selektivität der Beschwerden, Schweregrad der Beschwerden, geschilderte gegen beobachtete Beschwerden. Die Skalen beruhen auf den Erfahrungen aus der klinischen und forensischen Praxis zu Patienten mit authentischem und verfälschtem Antwortverhalten.[91] Das Interview wird mit einer Länge von 30 bis 40 Minuten angegeben.[92] Die deutsche Version des SIRS-2 verfügt über eine hohe Zuverlässigkeit, was sich unter anderem in der hohen Effektstärke zur Unterscheidung von Täuschungen und echten Reaktionen widerspiegelt. Das Interview hat darüber hinaus noch eine hohe Interrater-Reliabilität.[93] Das bedeutet, dass unterschiedliche Durchführer des Interviews zu einem gleichen Urteil kommen würden.[94] Hogrefe betont ebenso eine hohe Spezifität, diese beträgt 97,44 %. Die Sensitivität liegt bei 87,69 %. Die Konstruktvalidität der deutschen Fassung des SIRS-2 ist in den Hauptskalen mit dem strukturierten Fragebogen simulierter Symptome hoch korreliert (r = .80) und weist mit dem Word Memory Test eine mittlere Korrelation (r = .69) auf.[95] Für die Testgültigkeit gelten folgende Fakten: Im englischsprachigen Original ist das Verfahren seit 1992 und in der revidierten Version seit 2010 im Einsatz. Für die Originalversion liegen Analysen von über 2500 SIRS-Protokollen von heterogenen klinischen und klinisch-forensischen Gruppen sowie von Probanden aus dem Strafvollzug und aus

---

87 *Vgl.* Hogrefe (2019) S. 2
88 *Vgl.* ann arbor publishers (2021)
89 *Vgl.* Hogrefe (2019) S. 2-3
90 *Vgl.* spielundlern (2021) & *Vgl.* parinc (2021)
91 *Vgl.* Hogrefe (2019) S. 3 & *Vgl.* spielundlern (2021)
92 *Vgl.* parinc (2021) & *Vgl.* Hogrefe (2019) S. 3
93 *Vgl.* Hogrefe (2019) S. 4
94 *Vgl.* Wirtz, 2019
95 *Vgl.* Hogrefe (2019) S. 4

der Allgemeinbevölkerung vor. Die deutsche Version des SIRS-2 basiert auf einer allgemein-klinischen Validierungsgruppe aus 143 Patienten im Alter von 20 bis 66 Jahren.[96]

Abschließend für dieses Kapitel lässt sich festhalten, dass die Auswahl der drei Testverfahren mit ihren Untertests aufgrund ihrer Spezifizierung, Differenzierung und Validität geeignet sind, sowohl eine Erwerbsfähigkeit in der derzeit ausgeübten Tätigkeit als auch auf dem allgemeinen Arbeitsmarkt zu erfassen. Nachdem nun entschieden ist, welche drei Testverfahren zur Feststellung des verbliebenen Leistungsvermögens des Klienten eingesetzt werden sollen, gilt es nun die Details und Reihenfolge der Testungen in einer Feinplanung zu bestimmen.

4.3 Feinplanung

Diagnostiker möchten mit der Feinplanung die Reihenfolge der Erhebung festlegen.[97]

Diese Feinplanung wird jedoch nicht im Gutachten niedergeschrieben, da dies für einen Laien zu ausführlich beschrieben werden müsste, damit dieser alle Aspekte versteht. Im Rahmen der Feinplanung wird der konkrete Ablauf der testpsychologischen Untersuchung ausgearbeitet. Es werden die Untersuchungstermine und –orte sowie Dauer, Reihenfolge und zeitliche Abstände zwischen den eingesetzten Verfahren festgelegt.[98] Es kann ein ein- oder ein mehrstufiger Untersuchungsplan eingesetzt werden. Bei einem einstufigen Untersuchungsplan werden erst weitere Schritte geplant, wenn alle Ergebnisse der geplanten Verfahren vorliegen.[99] Die mehrstufigen Untersuchungspläne enthalten sogenannte Entscheidungsstufen. Bei diesem Untersuchungsplan wird sich im Vorfeld überlegt, welche Verfahren zu Beginn angewendet werden. Auf der Basis dieser Ergebnisse wird dann entschieden, welche weiteren Verfahren zum Einsatz kommen können. Hierbei ist jedoch darauf zu achten, dass die zu Beginn eingesetzten Verfahren besonders gut und aussagekräftig sind.[100] Im Fall des 43-Jährigen ist ein mehrstufiger Untersuchungsplan zu empfehlen, der zu Beginn die kognitiven Beeinträchtigungen des Klienten betrachtet und im weiteren Verlauf eventuell die Arbeitsmotivation oder den allgemeinen Gesundheitszustand erfasst. Berücksichtigt werden sollten dabei die persönlichen Aspekte der zu untersuchenden Person, wie etwa die allgemeine Belastbarkeit, das Alter, Bildungsniveau oder mögliche Begleiterkrankungen.[101] Da bei dem Klienten bekannt ist, dass er unter kognitiven Beeinträchtigungen nach einem SHT leidet, kann die Annahme getroffen werden, dass die

96 *Vgl.* Testzentrale (2019)
97 *Vgl.* Ziegler & Bühner (2012) S. 105
98 *Vgl.* Westhoff & Kluck (2014) S. 55
99 *Vgl.* Ziegler & Bühner (2012) S. 106
100 *Vgl.* Ziegler & Bühner (2012) S. 108 - 109
101 *Vgl.* Ziegler & Bühner (2012) S. 116

Testperson nur bedingt aufnahmefähig ist. Auch etwaige Effekte einzelner Verfahren auf die Ergebnisse nachgelagerter Verfahren müssen beachtet werden, z.B. Beeinflussung des Antwortverhaltens oder eine Leistungsabnahme durch sinkende Konzentration. Die Tests sollten so angeordnet werden, dass sie den Probanden nicht unnötig belasten.[102] Es sollten auch mehrere Pausen eingeplant werden, die Testung an mehreren Tagen durchzuführen, ist hier am plausibelsten. Dabei ist zu achten, dass eine abwechslungsreiche Testung in einer angenehmen Atmosphäre stattfindet. Daher ist auch darauf zu achten, dass ggf. Übungseffekte auftreten können, wenn mehrere Tests zur Aufmerksamkeit oder dem Gedächtnis vorgenommen werden.[103] Zur Feinplanung gehört es auch, die Untersuchungstermine und den Ort der Untersuchung zu planen. Dieser Ablaufplan sollte auch dem Klienten ausgehändigt werden.[104] Wenn mehrere Testleiter und/oder Protokollanten an der Diagnose arbeiten, sollte darauf geachtet werden, dass alle gut instruiert sind und alle wissen, was ihre Aufgaben sind. Nur so kann es am Ende ein gutes Ergebnis geben, das dem Klienten gerecht wird.[105]

5 Diskussion

Das Ziel dieser Hausarbeit war die Planung einer neuropsychologischen Untersuchung mittels drei ausgewählter Verfahren. Diese sollen feststellen, welches Leistungsvermögen dem 43-Jährigen nach seinem erlittenen SHT verblieben ist und in welchem Umfang er noch Tätigkeiten geistiger Art durchführen kann. Da sich die Fragestellung auf die kognitive Leistungsfähigkeit des Probanden bezieht, wurden zunächst diejenigen (Teil-)Funktionen herausgearbeitet, die in diesem Bereich nach SHT am häufigsten beeinträchtigt sind. Grundsätzlich lässt sich feststellen, dass die Auswahl der Testverfahren mit den gegebenen Informationen der Aufgabenstellung sehr schwierig ist. Mehrere Autoren weisen darauf hin, dass je nach Alter und Länge der Bewusstlosigkeit unterschiedliche Schweregrade von kognitiven Beeinträchtigungen bei den Patienten vorliegen. Die Wahrscheinlichkeit für eine Rückkehr in das Berufsleben nach der Rehabilitation resultiert daher ebenfalls.[106] Für den Gutachter ist für die Testauswahl daher sehr wichtig, dass dieser die Vorbefunde es Klienten kennt.[107] Ebenso ist es von Bedeutung, welcher Tätigkeit der Klient nachging, da an unterschiedliche Berufsgruppen andere Anforderungen

---

102 *Vgl.* Tausch (2018) S. 35 - 36
103 *Vgl.* Ziegler & Bühner (2012) S. 116
104 *Vgl.* Ziegler & Bühner (2012) S. 117 & *Vgl.* Westhoff & Kluck (2014) S. 55
105 *Vgl.* Ziegler & Bühner (2012) S. 117 - 118
106 *Vgl.* Firsching & Ferber (2009) Kap. 3.4.2 & *Vgl.* Wilhelm & Roschmann (2007) S. 21
107 *Vgl.* Jank (2006) S. 44

gestelt werden.[108] Die verschiedenen Informationsquellen, die für ein Gutachten von Relevanz sind, werden in der Abbildung 5 nochmals verdeutlicht

Nun zu den einzelnen Testverfahren, jeder von ihnen bringt Vor- und auch Nachteile mit sich. Die WMS-IV hat den Vorteil, dass die Skala schon lange besteht und eine regelmäßige Aktualisierung mit der Hilfe von Anwendern erfolgt. Durch das vorgeschaltete Kurzscreening kann bereits ein Einblick in die kognitiven Einschränkungen des Klienten gewonnen werden. Ebenso ein Vorteil ist, dass durch die verschiedenen Indexwerte eine Differenzierung der Stärken und Schwächen deutlicher wird. Das Langzeitgedächtnis wird getrennt vom Arbeitsgedächtnis betrachtet. Als Nachteil muss gesagt werden, dass es bei der WMS-IV keinen Paralleltest gibt. Bei einer erneuten Testung mit WMS-IV kann es dadurch zu Übungseffekten kommen, die das Testergebnis verfälschen können.[109] Durch die Testlänge kann es bei Patienten mit kognitiven Beeinträchtigungen zu Ermüdungserscheinungen kommen. Deshalb sollte der Klient diesen Test ausgeruht machen, am besten sollte der Patient an diesem Tag nicht bereits durch andere Dinge kognitive Anstrengungen erfahren haben.

Der I-S-T 2000 R ist ein Testverfahren, welches primär zur Messung des Intelligenzniveaus eingesetzt wird. Gleichzeitig erfasst es aber auch Komponenten des Gedächtnisses. Er wurde bereits millionenfach zur Intelligenzmessung eingesetzt, was für die Anwendung spricht. Ein großer Vorteil des Testes ist, dass er modular aufgebaut ist. Je nach den Anforderungen der jeweiligen Berufstätigkeit können Testkomponenten hinzugenommen oder nicht verwendet werden.[110] Die Testgütekriterien erfüllt der I-S-T 2000 R auf hohem Niveau. Es fehlt einzig der Nachweis zur Retest-Reliabilität.[111] Ein Nachteil ist allerdings die lange Bearbeitungsdauer des Tests, welche den Probanden je nach Verfassung körperlich oder psychisch zu stark beanspruchen könnte.

Unter anderem durch Verhaltensbeobachtung kann eine mangelnde Leistungsbereitschaft erfasst werden, welche bei leichtem SHT bei bis zu 44% auftritt. Wenn ein Verdacht auf Aggravations- oder Simulationstendenzen besteht, wird ein Beschwerdenvalidierungsverfahren empfohlen[112], wie das SIRS-2. Wie bereits in Kapitel

---

108 *Vgl.* Wilhelm & Roschmann (2007) S. 21
109 *Vgl.* Petermann & Lepach (2012) S. 31
110 *Vgl.* Liepmann, Beauducel, Brocke & Amthauer (2021)
111 *Vgl.* Kersting &Palmer (2017), S. 137
112 *Vgl.* Gonschorek, Schwenkreis & Guthke (2016) S. 575

4.2.3 SIRS-2 - Structured Interview of Reportes Symptom beschrieben, handelt es sich dabei um ein strukturiertes Interview, welches eine hohe Sensitivität und Spezifität aufweist. Da dieses Verfahren eine hohe Zuverlässigkeit hat, ist es einem Testverfahren wie dem Word Memory Test vorzuziehen.

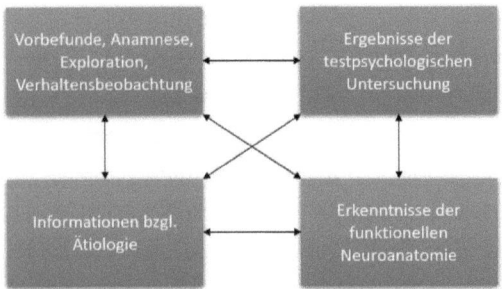

Abbildung 5: Informationsquellen in der neuropsychologischen Diagnostik
(Quelle: Eigene Darstellung, in Anlehnung an Jank (2006) S. 48)

Bei der Auswahl von Testverfahren hat der Gutachter darauf zu achten, dass diese speziell für diesen psychologischen Bereich festgelegt sind. Bei der WMS-IV ist nicht explizit aufgeführt, dass die Aufmerksamkeit bei der Erfassung der Gedächtnisleistungen mit erhoben wird. Aufmerksamkeit ist allerdings notwendig, um den Test bestmöglich zu bewältigen. Eine differenzierte Erfassung der verschiedenen Gedächtnisleistungen und der unterschiedlichen Intelligenz-Indizes ist bei beiden Verfahren gegeben. Genauso ist gegeben, dass die Gütekriterien erfüllt sind. Weiterhin ist bei der Durchführung der Tests im Vorfeld abzuklären, ob visuelle oder auditive Beeinträchtigungen bei dem Klienten bestehen. Sprachstörungen können schließlich ebenso zu einer Verfälschung der Testergebnisse führen. Daher kann es dann sein, dass ein anderes Testverfahren ausgewählt werden müsste.[113]

6 Fazit und Ausblick

Nach der Testung des Klienten erfolgt, wie in Abbildung 1 beschrieben, die Auswertung und Interpretation der Testergebnisse. Anschließend werden die Ergebnisse interpretiert und in schriftlicher Form dokumentiert. Für jede Hypothese sollte dabei ein konkretes Untersuchungsergebnis vorliegen. Im besten Fall kann der Gutachter nach der Untersuchung alle Hypothesen entweder bestätigen oder widerlegen und damit die globale Forschungsfrage beantworten. Lässt sich eine Hypothese nicht ausreichend beantworten, sollten sich weitere

---

113 *Vgl.* Jank (2006) S. 46 - 47

Verfahren anschließen. Unter gewissen Umständen kann es auch notwendig werden, neue Hypothesen zu generieren.

Im hier dargestellten Fall wird anhand der erhaltenen Testwerte zur Intelligenz, Gedächtnis- und Aufmerksamkeitsleistung festgestellt, ob und in welchem Ausmaß die Leistungsfähigkeit des 43-jährigen Klienten gemindert ist. Zentraler Teil der Beantwortung dieser Fragestellung ist die gutachterliche Stellungnahme zur rechtlichen Bezugsgröße, konkret zur Minderung der Erwerbsfähigkeit.[114] Ob der 43-Jährige im Sinne des SGB VI erwerbsgemindert ist oder nicht, entscheidet – wie bereits erwähnt – allerdings nicht der neuropsychologische Gutachter, sondern das Sozialgericht. Empfehlungen dürfen dabei nicht ausgesprochen werden. Beispiele können jedoch genannt werden, welche Tätigkeiten der Klient mit den festgestellten Einschränkungen noch für welche Dauer durchführen kann und zur Ausübung welcher Tätigkeiten er nicht mehr in der Lage ist. Es ist möglich, dass dem Klienten Hilfsmittel zur Bewältigung des Alltags empfohlen werden. Um abschließend die Ergebnisse zu interpretieren, bedarf es jedoch sehr vieler Informationen zu dem Klienten, der persönlichen Krankheitsgeschichte und dem Arbeitsumfeld.

---

114 *Vgl.* Wilhelm & Roschmann (2007) S. 91

Literaturverzeichnis

Adorjan, K., Kistner, N., Fink, S., Dehning, S. & Falkai, P. (2014). Rückkehr ins Ar beitsleben auch als Therapie: Arbeitsfähigkeit und psychische Erkrankung. MMW - Fortschritte der Medizin

Ågren, C./ Falk, J. (2021). Sozialrechtliche Aspekte. In: Köllner, V./Bassler, M. (Hrsg.). Praxishandbuch Psychosomatische Medizin in der Rehabilitation. (S. 27 – 34). München: Elsevier.

Amthauer, R., Brocke, B., Liepmann, D./, Beauducel, A. (2007). Intelligenz-Struktur-Test 2000 R. (I-S-T 2000 R). (2. erw. u. überarb. Aufl.). Göttingen: Hogrefe.

Brady, G. M., Truxillo, D. M., Cadiz, D. M., Rineer, J. R., Caughlin, D. E. & Bodner, T. (2020). Opening the Black Box: Examining the Nomological Network of Work Ability and Its Role in Organizational Research. Journal of Applied Psychology, 105(6), 637– 670. https://doi.org/10.1037/apl0000454

Cibis, W. (2011). Begutachtungsanlass und Fragestellungen. In: Deutsche Rentenversicherung Bund (Hrsg.). Sozialmedizinische Begutachtung für die gesetzliche Rentenversicherung. (7., aktual. Aufl., S. 78 – 88). Berlin, Heidelberg: Springer.

Derra, C. (2016). Sozialmedizinische Begutachtung. In: Bengel, J./Mittag, O. (Hrsg.). Psychologie in der medizinischen Rehabilitation. (S. 71 – 82). Berlin, Heidelberg: Springer

Deutsche Rentenversicherung Bund (DRV) (2013). Sozialmedizinisches Glossar der Deutschen Rentenversicherung, DRV-Schrift Band 81, 2. Aufl.

Feichtner, W. & Dietzel, H. A. (2019). Bewerben 4.0 für Berufseinsteiger - inkl. Ar beitshilfen online. Online-AC, Skype-Interview, Social Media-Auftritt, Videobewerbung. (1. Aufl.). München: Haufe.

Firsching, R. & Ferber, A. (2009). Traumatische Schädigungen des Nervensystems (1.). Stuttgart: Kohlhammer.

Firsching, R., Woischneck, D., Reissberg, S., Döhring, W. & Peters, B. (2003). Prognostische Bedeutung der MRT bei Bewusstlosigkeit nach Schädel-Hirn-Verletzung. Deutsches Ärzteblatt, 100(27), A 1868-1874.

Fries, W. (2020). Begutachtung nach Schädel-Hirn-Trauma. Schädigungsmechanismen – Schädigungsfolgen – Sozialmedizinische Bewertung. Bad Honnef: Hippocampus Verlag.

Gerrig, R. J. (2016). Psychologie (20.). Hallbergmoos: Pearson.

Gonschorek, A. S., Schwenkreis, P. & Guthke, T. (2016). Psychische Störungen nach leichtem Schädel-Hirn-Trauma. Der Nervenarzt, 87, 567–579.

Habel, U. & Schneider, F. (2017). Testpsychologische Untersuchungen. In: Schneider, F. (Hrsg.). Facharztwissen Psychiatrie, Psychosomatik und Psychotherapie. (2. Aufl., S. 56 – 81). Berlin: Springer

Hollenweger Haskell, J. (2014). ICF-CY: Die Anwendung der ICF in der frühen Kindheit. In: Grötzbach, H./Hollenweger Haskell, J./Iven, C. (Hrsg.). ICF und ICF-CY in der Sprachtherapie. Umsetzung und Anwendung in der logopädischen Praxis. (2., aktual. u. überarb. Aufl., S. 27 – 42). Idstein: Schulz-Kirchner Verlag

Ilmarinen, J. & Tempel, J. (2003). Erhaltung, Förderung und Entwicklung der Arbeitsfähigkeit - Konzepte und Forschungsergebnisse aus Finnland. In B. Badura, H. Schellschmidt & C. Vetter (Hrsg.), Demographischer Wandel: Herausforderung für die betriebliche Personal- und Gesundheitspolitik - Zahlen, Daten, Analysen aus allen Branchen der Wirtschaft (1., S. 85–99). Berlin, Heidelberg: Springer.

Jäger, R. S. (2003). Prozess, diagnostischer. In K. D. Kubinger & R. S. Jäger (Hrsg.), Schlüsselbegriffe der Psychologischen Diagnostik (1., S. 348–354). Weinheim: Beltz PVU.

Jank, R. (2006). Neuropsychologische Befunderhebung und Befunderstellung. In J. Lehrner, G. Pusswald, E. Fertl, W. Strubreither & I. Kryspin-Exner (Hrsg.), Klinische Neuropsychologie: Grundlagen - Diagnostik - Rehabilitation (1., S. 42–53). Wien, New York: Springer Vienna.

Kapfhammer, H.-P. (2009). Zwangsstörung. In: Möller, H.-J./Laux, G./Kapfhammer, H.-P. (Hrsg.). Psychiatrie, Psychosomatik, Psychotherapie. (4., erw. u. vollst. überarb. Aufl., S. 571 – 604). Berlin, Heidelberg, New York: Springer

Kersting, M. (2000). Instrumente der Arbeits- und Organisationspsychologie. Rezension des "Intelligenz-Struktur-Test 2000" von R. Amthauer, B. Brocke, D. Liepmann und A. Beauducel. Zeitschrift für Arbeits- und Organisationspsychologie, 44, 96 – 101.

Kersting, M. & Palmer, C. (2017). Kognitive Fähigkeiten. In: Krause, D. E. (Hrsg.). Personalauswahl. (S. 127 – 157). Wiesbaden: Springer.

Koch, J. (2012). Exekutive Funktionen und Gedächtnis, Deutsches Ärzteblatt, PP 11, Ausgabe November 2012, S. 518 – 519.

Koppenfels-Spies, K. (2018), Sozialrecht, Mohr Siebeck Verlag. Tübingen.

Klinik am Waldschlößchen GmbH (2021). Leichte neuropsychologische Defizite. Abge
rufen am 21.09.2021, Verfügbar unter https://www.klinik-waldschloesschen.de/be-
handlung/stoerungsbilder/leichte-neuropsychologische-defizite/

*Kristman, V., Côté, P., Hogg-Johnson, S., Cassidy, J. D., Van Eerd, D., Vidmar, M. et
al.* (2010). The Burden of Work Disability Associated with Mild Traumatic Brain Injury in Ontario Compensated Workers: A Prospective Cohort Study. The Open Occu-
pational Health & Safety Journal, 2(1), 1–8.
https://doi.org/10.2174/1876216601002010001

Lepach, A. C. (2013). Aktuelle Studie gibt Aufschluss über Zusammenhang zwischen
Gedächtnis und Intelligenz, Forschung Aktuell, NeuroGeriatrie 3 – 2013, S. 87 – 88.

Ludolph, E. (2013). Gesetzliche Rentenversicherung (Deutsche Rentenversicherung) –
Qualitative und quantitative Leistungsminderung. In: Ludolph, E. (Hrsg.). Der Unfall-
mann. Begutachtung der Folgen von Arbeitsunfällen, privaten Unfällen und Berufs-
krankheiten. (13., überarb. u. erw. Aufl., S. 321 – 334). Berlin, Heidelberg: Springer.

Lüdemann, C. &Lüdemann, H. (2007). Leistungstests souverän meistern. Heidelberg:
Redline Wirtschaf

Merten, T. (2014). Beschwerdenvalidierung. Fortschritte der Neuropsychologie, Bd. 14.
Göttingen: Hogrefe.

Oder, W. & Wurzer, W. (2011). Das Schädel-Hirn-Trauma. In J. Lehrner, G. Pusswald,
E. Fertl, W. Strubreither & I. Kryspin-Exner (Hrsg.), Klinische Neuropsychologie:
Grundlagen - Diagnostik - Rehabilitation (2., S. 309–328). Wien, New York: Springer
Verlag.

Papmehl, A. & Teichmanis, H. (2019) Deutsches Arbeitsrecht für ausländische
Investoren - German Labour Law für Foreign Investors, Wiesbaden.

Petermann, F. & Lepach, A. C. (2012). Wechsler Memory Scale – Fourth Edition
(WMS-IV). Manual zur Durchführung und Auswertung. Frankfurt: Pearson.

Rentzsch, K. & Schütz, A. (2009) Psychologische Diagnostik. Grundlagen und Anwen-
dungsperspektiven. Grundriss der Psychologie, Band 16., 1 Auflage. Stuttgart, Kohlhammer Urban Verlag

Rabinowitz, A. R./Levin, H. S. (2014). Cognitive sequelae of traumatic brain injury. Psy
chiatr Clin North Am, 37 (1) : 1 – 11

Rüsseler, J. (2009). Neuropsychologische Therapie. Grundlagen und Praxis der
Behandlung kognitiver Störungen bei neurologischen Erkrankungen. (1. Aufl.). Stuttgart: W. Kohlhammer Verlag.

Schneider, F., Frister, H. & Olzen, D. (2015). Begutachtung psychischer Störungen. (3., vollst. überarb. u. aktual. Aufl.). Berlin, Heidelberg: Springer.

Schmidt-Atzert, L. & Krumm, S. (2007). Diagnostische Urteilsbildung und Begutachtung. Rehabilitation, 49(1), 9–15. https://doi.org/10.1055/s-2007-95853

Schmidt-Atzert, L. & Amelang, M. (2012). Psychologische Diagnostik (5.). Berlin, Heidelberg: Springer-Verlag.

Stecker, C. & Kionke, M.-E. (2020). Arbeitsfähigkeit 4.0: Die Dimensionen Arbeit, Werte und Kompetenz als personalpolitische Führungsstrategien. In SRH Fernhochschule (Hrsg.), Gesundheit - Arbeit - Prävention: Tagungsband zum 3. Kongress für Betriebliches Gesundheitsmanagement (1., S. 69–85). Wiesbaden: Springer Fachmedien.

Strowitzki, M. (2018). Leichtes Schädel-Hirn-Trauma: Eine unterschätzte Verletzung? Trauma und Berufskrankheit, 20(2), 53–57. https://doi.org/10.1007/s10039-017-0300-8

Sturm, W. (2009). Aufmerksamkeitsstörungen. In W. Sturm, M. Herrmann & M. Münte (Hrsg.), Lehrbuch der Klinischen Neuropsychologie (2., S. 421–443). Heidelberg: Spektrum Akademischer Verlag

Tausch, A. (2018). Grundlagen psychologischer Diagnostik und Begutachtung. Titel-Nr.: 1374-01, Riedlingen: SRH Fernhochschule, 1. Auflage

Treier, M. (2016). Betriebliches Arbeitsfähigkeitsmanagement: Mehr als nur Gesundheitsförderung (1.). Wiesbaden: Springer Fachmedien.

Unverhau, S. (2020). Grundprinzipien kinderneuropsychologischer Therapie. In: Pletschko, T./Leiss, U./Pal-Handl, K./Proksch, K./Weiler-Wichtl, L. J. (Hrsg.). Neuropsychologische Therapie mit Kindern und Jugendlichen: Praktische Behandlungskonzepte bei neurokognitiven Funktionsstörungen. (S. 11 – 22). Berlin, Heidelberg: Springer.

Wagner-Emden, K. S. (2012). Sind intelligente Menschen die besseren Multitasker? Eine Studie über Persönlichkeit und Multitasking-Fähigkeit. Hamburg: Disserta Verlag

Wassmann, H. (2019) Recht der sozialen Sicherung. Studienbrief der SRH Fernhochschule, Titel-Nr. 0401-10, 1. Auflage, Riedlingen

Westhoff, K., Hagemeister, C. & Strobel, A. (2006). Psychologische Begutachtung. In F. Petermann & M. Eid (Hrsg.), Handbuch der Psychologischen Diagnostik (1., S. 396–406). Göttingen, Bern, Wien, Toronto, Seattle, Oxford, Prag: Hogrefe.

Westhoff, K. & Kluck, M.-L. (2014). Psychologische Gutachten schreiben und beurtei
len: Entspricht den deutschen und europäischen Richtlinien zur Erstellung psychologischer Gutachten (1.). Berlin, Heidelberg: Springer

Wilhelm, H. & Roschmann, R. (2007). Neuropsychologische Gutachten. Ein Leitfaden
für Psychologen, Ärzte, Juristen und Studierende. (1. Aufl.). Stuttgart: W. Kohlhammer.

Ziegler, M. & Bühner, M. (2012). Grundlagen der Psychologischen Diagnostik (1.).
Wiesbaden: VS Verlag für Sozialwissenschaften.

Internetquellenverzeichnis

ann arbor publishers (2021). SIRS-2 - Structured Interview of Reported Symptoms, 2nd Edition. Abgerufen am 01.10.2021, Verfügbar unter: https://www.annarbor.co.uk/index.php?main_page=index&cPath=416_597_358

Ärzteblatt (2021a) Inzidenz und Versorgung des mittelschweren bis schweren Schädel-Hirn-Traumas. Retrospektive Analyse auf der Grundlage des TraumaRegisters der Deutschen Gesellschaft für Unfallchirurgie (TR-DGU). Abgerufen am 17.09.2021, Verfügbar unter: https://www.aerzteblatt.de/archiv/205843/Inzidenz-und-Versorgung-des-mittelschweren-bis-schweren-Schaedel-Hirn-Traumas

Ärzteblatt (2021b) Schädel-Hirn-Trauma bei Älteren immer häufiger. Abgerufen am 27.09.2021, Verfügbar unter: https://www.aerzteblatt.de/nachrichten/125348/Schaedel-Hirn-Trauma-bei-Aelteren-immer-haeufiger

AWMF (2018) Arbeitsgemeinschaft der Wissenschaftlichen Medizinischen Fachgesellschaften S2k-Leitlinie 094-002 „Begutachtung nach gedecktem Schädel-Hirntrauma im Erwachsenenalter". Zugriff 27.09.2021. Verfügbar unter https://www.awmf.org/uploads/tx_szleitlinien /094-002l_S2k_Begutachtung-nach-gedecktem-SHT-Erwachsene_2018- 07.pdf

Auswärtiges Amt (1948) Die Allgemeine Erklärung der Menschenrechte. Abgerufen am 19.09.2021, Verfügbar unter: https://www.auswaertiges-amt.de/blob/209898/beeab63c2704f684c606a65589cf236c/allgerklaerungmenschenrechte-data.pdf

BMI (2020) Siebter Versorgungsbericht der Bundesregierung. Bericht für die 19. Legislaturperiode. Bundesministerium des Innern, für Bau und Heimat. Berlin. Abgerufen am 19.09.2021, Verfügbar unter: https://www.bmi.bund.de/SharedDocs/downloads/DE/publikationen/themen/oef-fentlicher-dienst/siebter-versorgungsbericht.pdf?__blob=publicationFile&v=4

fachportal-hochbegabung.de (o.J.) I-S-T 2000 R – INTELLIGENZ-STRUKTUR-TEST 2000 REVIDIERT. Abgerufen am 28.09.2021, Verfügbar unter: https://www.fachportal-hochbegabung.de/intelligenz-tests/i-s-t-2000-r-intelligenz-struktur-test-2000-revidiert/#

Hogrefe. (2019). SIRS-2 und SRSI: Neue Testverfahren zur Beschwerdenvalidierung. Göttingen. Verfügbar unter: https://issuu.com/hogrefegroup/docs/sirs-2-srsi-flyer_din-lang_de-web

Kobelt-Pönicke, A./Walter, F. (2020). Zeitschrift für Psychiatrie, Psychologie und Psy chotherapie, 68, S. 65 – 69. Zugriff am 27.09.2021, Verfügbar unter https://econ-tent.hogrefe.com/doi/full/10.1024/1661-4747/a000405

Liepmann, D., Beauducel, A., Brocke, B. & Amthauer, R. (2021). Intelligenz-Struktur-Test 2000 R. Abgerufen am: 01.10.2021, Verfügbar unter https://www.testzentrale.de/shop/intelligenz-struktur-test-2000-r.html

MDS / Medizinischer Dienst der Spitzenverbände der Krankenkassen (2005) Begutachtungs-Richtlinie Vorsorge und Rehabilitation, Abgerufen am 25.09.2021, Verfügbar unter: https://www.kliniken-suedostbayern.de/files/PDF-Doku-mente/RS_28-10-05_Begutachtungs-Richtlinie_geriRehaTBG.pdf

Parinc (2021) SIRS-2. Structured Interview of Reported Symptoms, 2nd Edition. Abge rufen am 01.10.2021, Verfügbar unter: https://www.parinc.com/products/pkey/414

Petermann, F. & Lepach, A. C. (2021). Gedächtnisdiagnostik mit der Wechsler Memory Scale - Fourth Edition. Abgerufen am 28.09.2021. Verfügbar unter https://docplayer.org/20950744-Gedaechtnisdiagnostik-mit-der-wechslermemory-scale-fourth-edition.html

Spieleundlern (2021) SIRS-2, Test komplett. Abgerufen am 01.10.2021. Verfügbar unter: https://www.spielundlern.de/product_info.php/products_id/80481

testzentrale (2019) SIRS-2. Abgerufen am 01.10.2021, Verfügbar unter: https://www.testzentrale.de/shop/structured-interview-of-reported-symptoms-deutsch-sprachige-adaption-des-structured-interview-of-reported-symptoms-2-edition-von-richard-rogers-kenneth-w-sewell-and-nathan-d-gillard.html

Uni Würzburg (o.J.) Grundsätzliches zum Sozialrecht. Abgerufen am 19.09.2021, verfügbar unter: https://wuecampus2.uni-wuerz-burg.de/moodle/mod/book/tool/print/index.php?id=694388

Wechsler, C. (2020). WMS-IV. Wechsler Memory Scale - Fourth Edition. Zugriff am 28.09.2021 Verfügbar unter https://www.pearsonclinical.de/wms-iv.html

Wirtz, M. A. (2019). Beurteilerübereinstimmung. Dorsch: Lexikon der Psychologie. Ab-gerufen am 01.10.2021. Verfügbar unter: https://dorsch.hogrefe.com/stichwort/beurtei-leruebereinstimmun